BEI GRIN MACHT SICH IHR WISSEN BEZAHLT

- Wir veröffentlichen Ihre Hausarbeit,
  Bachelor- und Masterarbeit

- Ihr eigenes eBook und Buch -
  weltweit in allen wichtigen Shops

- Verdienen Sie an jedem Verkauf

Jetzt bei www.GRIN.com hochladen und kostenlos publizieren

Björn Hochmann

Goethes "Novelle" - Verschiedene Deutungen

GRIN Verlag

Bibliografische Information der Deutschen Nationalbibliothek:

Die Deutsche Bibliothek verzeichnet diese Publikation in der Deutschen National-
bibliografie; detaillierte bibliografische Daten sind im Internet über http://dnb.d-
nb.de/ abrufbar.

Impressum:

Copyright © 2006 GRIN Verlag GmbH
Druck und Bindung: Books on Demand GmbH, Norderstedt Germany
ISBN: 978-3-640-33504-6

Dieses Buch bei GRIN:

http://www.grin.com/de/e-book/127120/goethes-novelle-verschiedene-deutungen

GRIN - Your knowledge has value

Der GRIN Verlag publiziert seit 1998 wissenschaftliche Arbeiten von Studenten, Hochschullehrern und anderen Akademikern als eBook und gedrucktes Buch. Die Verlagswebsite www.grin.com ist die ideale Plattform zur Veröffentlichung von Hausarbeiten, Abschlussarbeiten, wissenschaftlichen Aufsätzen, Dissertationen und Fachbüchern.

Besuchen Sie uns im Internet:

http://www.grin.com/

http://www.facebook.com/grincom

http://www.twitter.com/grin_com

Universität Hannover
Seminar für Deutsche Literatur und Sprache
WS 2006/07
Novellen im Literaturunterricht
Referatsausarbeitung: Novelle (Goethe)
November 2006
Björn Hochmann

Referatsthema: *Novelle*
von Johann Wolfgang von Goethe
(Ausarbeitung)

Björn Hochmann

LG: Germanistik/Sport
5. Fachsemester

Inhaltsverzeichnis

1. Einleitung

Auf den ersten Blick scheint Goethes *Novelle* (1828) sehr unpolitisch, geradezu privat, daherzukommen. In der privaten Deutung stecken allerdings schon sehr viele – literaturwissenschaftlich interessante – Details, die es lohnt, näher zu betrachten. Beschäftigt man sich dann aber länger und tiefer mit der *Novelle*, wird einem auffallen, dass es doch einige textimmanente Hinweise gibt, die auch eine politische Interpretation zulassen. Die Kritik an diesem Spätwerk Goethes reicht von „Hochklassik"[1] über „absoluter Bildungspoesie"[2] bis „lächerlich".[3] Diese Ausarbeitung versucht somit, eine Übersicht über die verschiedenen Deutungen zur *Novelle* zu erarbeiten.

Ich gebe in Kapitel 2 zunächst einen kurzen inhaltlichen Überblick über Goethes Erzählung. Im 3. Kapitel soll die Entstehungsgeschichte der *Novelle* näher beleuchtet werden, um einige Missverständnisse bezüglich des Titels auszuräumen und Goethes Intention zur Entstehung dieses kleinen Werkes zu klären. Der Hauptteil dieser Arbeit, Kapitel 4, beschäftigt sich mit der Rezeption der Erzählung in der Literaturwissenschaft. Welche Deutungen gibt es? Der Schwerpunkt liegt hier auf der politischen Auslegung, weil dieser Interpretationsansatz sehr umstritten ist. Kapitel 5 gibt einige didaktische Hinweise zur Aufarbeitung der *Novelle* im Deutschunterricht und schließt mit dem Fazit.

2. Inhaltswiedergabe

Die Novelle spielt in einem fürstlichen Kleinstaat. Der frisch vermählte Fürst will zur Jagd ausreiten. Damit es der Fürstin nicht langweilig wird, unternimmt sie mit dem fürstlichen Oheim und dem Hofjunker Honorio einen Ausritt vom fürstlichen Schloss zur Stammburg ihres Geschlechts. Zuvor reitet man allerdings noch in der Stadt auf dem Markt entlang. Im regen Treiben des Marktes sieht man in Käfigen exotische Tiere, wie Tiger und Löwen, die gerade gefüttert werden. Der Ausritt geht weiter zum Stadttor hinaus in das gebirgige Land Richtung Stammburg. In mitten des Waldes, unterhalb der Stammburg bei einem Ausblick, entdeckt Honorio ein Feuer, das gerade auf dem Markt in der Stadt ausgebrochen ist. Fürst Oheim reitet sofort zurück, um die Löscharbeiten zu unterstützen. Honorio und die Fürstin reiten langsam hinterher, als plötzlich ein Tiger aus dem Gebüsch hervorspringt, der durch das Feuer auf dem Markt aus seinem Käfig entwischen

---

[1] Wäsche, Erwin: Honorio und der Löwe. Studie über Goethes Novelle. Säckingen: Stratz 1947. S. 5f.

[2] Gundolf, Friedrich: Goethe. Berlin 1916. S. 743. f.

[3] Benn, Gottfried: Briefe an F. W. Oelze. 1932-1945. Wiesbaden/München: Limes 1977. S. 102ff.

konnte. Honorio erlegt den Tiger mit dem zweiten Schuss. Nun tritt eine fremdländisch gekleidet Frau und ein Knabe auf. Die Frau beklagt den Tod ihres Tigers. Zeitgleich treten nun der Mann der fremden Frau auf und der fürstliche Jagdtrupp, der auf dem Rückweg in die Stadt zum Feuerlöschen ist. Der Mann erzählt, dass auch sein Löwe durch das Feuer ausbrechen konnte. Die Frau und das Kind überzeugen den Fürsten, dass der Junge durch sein Flötenspiel den Löwen bezähmen könne. Der Wächter der Stammburg kommt nun herbeigelaufen und berichtet, dass sich der Löwe in der Stammburg unter einem Baum befände. Nachdem Honorio sich als Versicherung vor der Stammburg mit einer Schusswaffe postierte, um den Löwen im Fall des Falles zu erschießen, gehen Mann, Frau und Kind mit dem Wärter zur Stammburg. Der Jagdtrupp reitet nun ebenfalls zum brennenden Markt. Der Knabe spielt auf seiner Flöte ein Lied, das Harmonie und Liebe zum Thema hat und der Löwe kommt zum Jungen und zeigt ihm seine rechte Vorderpfote, in der ein Dorn steckt. Der Junge zieht den Dorn aus der Pfote und der bezähmte Löwe legt sich zu Füßen des Jungen.

3. Entstehungsgeschichte

Goethes *Novelle* ist im Laufe von drei Jahrzehnten entstanden.[4] Dies zeigt schon, dass Goethe mit der *Novelle* kein Paradebeispiel einer Novelle schreiben wollte, was der Titel suggerieren könnte. Goethe begann mit den ersten Ausführungen bereits 1797. Zu diesem Zeitpunkt wollte er den Stoff als episches Gedicht mit dem Titel „Die Jagd" niederschreiben. Auch eine Balladenform war für Goethe denkbar.

Goethe korrespondiert über sein Vorhaben sowohl mit Wilhelm von Humboldt als auch mit Friedrich Schiller. Später bereute Goethe es, seine Pläne offenkundig gelegt zu haben, da Schiller und vor allem von Humboldt ihn von seinem Vorhaben abrieten, „weil sie nicht wissen konnten, was in der Sache lag, und weil nur der Dichter allein weiß, welche Reize er seinem Gegenstand zu geben fähig ist."[5] Aber zu dieser Erkenntnis kommt Goethe erst 1827. Dreißig Jahre zuvor schreibt er noch an Schiller:

> [...] ich muss ihnen meinen Plan schicken oder selbst bringen. Es werden dabei sehr feine Punkte zur Sprache kommen, von denen ich jetzt im allgemeinen

---

[4] vgl. Wagenknecht, Christian: Erläuterungen und Dokumente. Johann Wolfgang Goethe. Novelle. Stuttgart: Reclam 1982. S. 63-87.
[5] Goethe im Gespräch mit Eckermann am 18.Januar 1827. Zitiert nach: Goethes Werke, Band VI. Romane und Novellen I. München: Verlag C. H. Beck 1998. S. 759.

nichts erwähnen mag. Wird der Stoff nicht für rein episch erkannt, ob er gleich in mehr als Einem (sic!) Sinne bedeutend und interessant ist, so muss sich dartun lassen, in welcher anderen Form er eigentlich behandelt werden müsste.[6]

Einige Monate später des Jahres 1797 scheint Goethe von der Unmöglichkeit einer epischen Gestaltung seines Werkes überzeugt, nachdem er Schillers *Handschuh* erhalten hatte. Er teilt seinem Freund Friedrich Schiller mit, dass sein Werk auch in „Reim und Strophendunst" aufgehen könnte. Er wolle es aber „noch ein wenig cohobieren lassen".[7] Schiller antwortet Goethe vier Tage später und gibt eine Art Vordefinition von dem Begriff Novelle:

> Wenn ich sie neulich recht verstanden habe, so haben sie die Idee, Ihr neues e-
> pisches Gedicht, „Die Jagd", in Reimen und Strophen zu behandeln [...] es darf
> sich, wo nicht des wunderbaren, doch des seltsamen und Überraschenden mehr
> bedienen [...] Die griechische Welt, an die der Hexameter unausbleiblich erinnert,
> nimmt diesen Stoff daher weniger an, und die mittlere und neue Welt, also auch
> die moderne Poesie, kann ihn mit Recht reklamieren.[8]

Goethe ist sich auch jetzt immer noch nicht sicher, wie er den Stoff behandeln möchte. Durch die Arbeiten am Faust und durch die Balladenschöpfungen des Jahres, denkt er weiter über die Strophenform und über die Ausführung einer Ballade nach. Er teilt Schiller mit, dass er abwarten möchte „an welches Ufer der Genius das Schifflein treibt."[9] Das Schifflein treibt dann dreißig Jahre, denn mit der Wiederaufnahme der Arbeiten am Faust und dem Beginn der Schweizer Reise am 30. Juni 1797 gerät der Plan in Vergessenheit.

Fast drei Jahrzehnte ruhte dann der Stoff und erst 1826 beschäftigte sich Goethe wieder mit dieser Thematik. Im Herbst 1826 findet Goethe einige seiner alten Aufzeichnungen wieder und er will nun den alten Plan in anderweitiger Ausführung durchführen.

> Sie erinnern sich wohl noch eines epischen Gedichtes [...] Bei einer modernen
> Jagd kamen Tiger und Löwe mit in's Spiel [...] jetzt beim Untersuchen alter Pa-
> piere, finde ich den Plan wieder und enthalte mich nicht, ihn prosaisch auszufüh-

---

[6] Goethe an Schiller, Weimar, 26. April 1797. Zitiert nach: Goethes Werke, Band VI. Romane und Novellen I. München: Verlag C. H. Beck 1998. S. 753.
[7] Goethe an Schiller am 22. Juni 1797.ebd.
[8] Schiller an Goethe, Weimar, 26. Juni 1797. ebd.
[9] Goethe an Schiller, Weimar, 27. Juni 1797. ebd. S. 754.

ren, da es denn für eine Novelle gelten mag, eine Rubrik unter welcher gar vieles wunderliche Zeug kursiert.[10]

In einigen Teilen veränderte Goethe die Geschichte noch, so scheint erst jetzt, die gesamte Honorio-Handlung samt des Motivkerns komponiert worden sein.[11] Goethe fand zwar einige Notizen wieder, aber nicht das eigentliche Schema. Am 15. Januar unterhielt sich Goethe mit Dr. Eckermann über den chronologischen Verlauf, den die *Novelle* genommen hatte:

> [...] ich wollte das Sujet schon vor dreißig Jahren ausführen, und seit der Zeit trage ich es im Kopfe [...] Damals, gleich nach „Hermann und Dorothea", wollte ich den Gegenstand in epischer Form und Hexametern behandeln und hatte auch zu diesem Zweck ein ausführliches Schema entworfen. Als ich nun jetzt das Sujet wieder vornehme, um es zu schreiben, kann ich jenes alte Schema nicht finden und bin also genötigt, ein neues zu machen, und zwar ganz gemäß der veränderten Form, die ich jetzt dem Gegenstand zu geben willens war. Nun aber nach vollendeter Arbeit findet sich jenes ältere Schema wieder, und ich freue mich nun, daß ich es nicht früher in den Händen gehabt, denn es würde mich nur verwirrt haben.[12]

Diesmal entschied sich Goethe also für die Prosa. Am 25. Januar 1827 kommt es im Gespräch mit Dr. Eckermann zur Bestimmung des Titels:

> ‚Wissen sie was', sagte Goethe, ‚wir wollen es die *Novelle* nennen; denn was ist eine Novelle anders als eine in sich ereignete unerhörte Begebenheit. Dies ist der eigentliche Begriff, und so vieles, was in Deutschland unter dem Titel Novelle geht, ist gar keine Novelle, sondern bloß Erzählung oder was sie sonst wollen.[13]

Die *Novelle* erschien zum ersten Mal 1828 im 15. Band der 3. Auflage der Cotta-schen Ausgaben von Goethes Werken.[14]

---

[10] Goethe an von Humboldt am 22. Oktober 1826. S. 757.
[11] ebd. S. 755.
[12] Goethe im Gespräch mit Dr. Eckermann am 15. Januar 1827. Zitiert nach: Goethes Werke, Band VI. Romane und Novellen I. München: Verlag C. H. Beck 1998. S. 757.
[13] Goethe im Gespräch mit Dr. Eckermann am 25. Januar 1827. Zitiert nach: Goethes Werke, Band VI. Romane und Novellen I. München: Verlag C. H. Beck 1998. S. 760
[14] vgl. Goethes Werke, Band VI. Romane und Novellen I. S. 760.

4. Hintergründe und Interpretationsansätze

4.1 Die religiös-humane Deutung

In der Literaturwissenschaft hat sich die „private"[15] (vs. politische, siehe 4.2) Deutung zunehmender Beliebtheit erfreut. Man konzentriert sich in dieser Linie auf den religiösen und humanen Gehalt der Novelle, was im Folgenden untersucht werden soll. Ernst Beutler legte seinen Schwerpunkt auf die Naturfrömmigkeit, nach der der Mensch streben sollte:

> Ich sehe in der *Novelle* das Bestreben, [...] die Anstrengung Goethes, christliche Gläubigkeit zur Naturfrömmigkeit zu wandeln; hier geht es um eine Metamorphose des Religiösen, bei der aber der ursprüngliche Gehalt, Glaubensstärke und schöpferische Kraft nicht geopfert werden sollen: Säkularisation ohne Verluste.[16]

Unter Naturfrömmigkeit ist das Einverständnis mit allem Lebendigen auf Erden zu verstehen. Keine Gewalt sowie die Achtung vor dem Leben stehen in dieser Deutung im Mittelpunkt. „Der Mensch wird damit seine höchste Aufgabe in dieser Welt gestellt",[17] der Verantwortung gerecht zu werden, die ihm von Gott anvertraute Welt zu pflegen und für nachfolgende Generationen zu bewahren. Aber das eigentliche Wunder der *Novelle* ist nicht die Zähmung des Löwen, sondern die Reinheit des kindlichen Herzens und die Macht des Liedes.

> Denn der Ew'ge herrscht auf Erden,
> Über Meere herrscht sein Blick,
> Löwen sollen Lämmer werden,
> Und die Welle schwankt zurück.
> Blankes Schwert erstarrt im Hiebe,
> Glaub und Hoffnung sind erfüllt;
> Wundertätig ist die Liebe,

---

[15] *„In welche geschichtliche Epoche die Ereignisse fallen, ist bei dieser privaten Novelle unnöthig."* (aus: Seuffert, Bernhard: Goethes „Novelle". In: Goethe-Jahrbuch. Bd. 19 (1898). S. 133 – 166, hier S. 147.)

[16] Beutler, Ernst: Ursprung und Gehalt von Goethes „Novelle". In: Deutsche Vierteljahrsschrift für Literaturwissenschaft und Geistesgeschichte 16 (1938). S. 324-352. S. 343.

[17] Wiese von, Benno: Novelle. Stuttgart: Metzler 1963. S. 48f.

Die sich im Gebet enthüllt.[18]

Dieses Lied, das sehr stark an die Geschichte des Propheten Daniel erinnert (vgl.
Daniel in der Löwengrube, 6. Kapitel, Altes Testament), hat Goethe nicht unbe-
dacht gewählt. Am 18. Januar 1826 äußerte Goethe gegenüber Eckermann,
dass er den Schluss nicht prosaisch gestalten wollte, und deshalb das Lied gewählt habe:

> [...] Aber ein ideeller, ja lyrischer Schluss war nötig und musste folgen; denn
> nach der pathetischen Rede des Mannes, die schon poetische Prosa ist, musste
> eine Steigerung kommen, ich musste zur lyrischen Poesie, ja zum Liede selbst
> übergehen.[19]

Die Geschichte des Propheten Daniel kannte Goethe seit Kindestagen aus der
Bibel.[20] Außerdem ist davon auszugehen, dass Goethe das Epos *Daniel in der
Löwengrube* (1763) von Friedrich Carl von Moser ebenfalls nicht unbekannt
war.[21] Neben Beutler (und anderen) ist auch Erwin Wäsche davon überzeugt,
dass das Grundmotiv der *Novelle* die Naturfrömmigkeit ist:

> Die metaphysische Rückversicherung des Menschen, seine Geborgenheit in Na-
> tur und Gott, die wie eine Blume aus dem realen Boden seiner Existenz hervor-
> geht, ist das geistige Grundmotiv der Novelle.[22]

Die Überwindung von Gewalt ist nur mit Naturfrömmigkeit möglich. Die formen-
den Kräfte der Gesellschaft reichen hierfür allein nicht aus. Zu dieser Überwindung bedarf es einer ursprünglichen, noch gottnahen Schicht der Seele: Es
kommt nur der Knabe in Frage.[23]

Auch Goethe selbst legte das Zentrum der Betrachtung auf den Naturkon-
flikt, das Wechselspiel und die Beziehung von Natur und Mensch. Goethe spricht
den Grundgedanken der *Novelle* im Gespräch mit Dr. Eckermann höchstpersön-
lich an:

---

[18] Goethes Werke, Band VI. Romane und Novellen I. München: Verlag C. H. Beck 1998. S 512.
(Im Folgenden wird der Beleg aus der Primärquelle nach dem Zitat in Klammern mit GW und
der Seitenzahl angegeben.)
[19] Goethe im Gespräch mit Dr. Eckermann am 18. Januar 1827. Zitiert nach: Goethes Werke, Band
VI. Romane und Novellen I. München: Verlag C. H. Beck 1998. S. 758f.
[20] vgl. Wagenknecht, Christian: Erläuterungen und Dokumente. S. 45.
[21] vgl. ebd.
[22] Wäsche, Erwin: Honorio und der Löwe. S. 26.
[23] GW, Nachwort. S. 748.

Zu zeigen, was das Unbändige, Unüberwindliche oft besser durch Liebe und Frömmigkeit als durch Gewalt bezwungen werde, war die Aufgabe dieser Novelle, und dieses schöne Ziel, welches sich im Kinde und Löwen darstellte, reizte mich zu Ausführung.[24]

Aber auch das Motiv des verletzten Löwen, der von einem Mensch von den Schmerzen des Dorns erlöst wird und der Mensch so die Gunst des Löwen erwirbt, ist keine Erfindung Goethes. Goethe wusste wohl von antiken Ausführungen, die verwandte Verläufe zeigen,[25] wie z. B. die Aufzeichnungen Plinius des Älteren oder die Geschichte des entlaufenden römischen Sklaven Androkles.[26]

4.2 Die politische Deutung

Neben der Frömmigkeitsdeutung trat zur Mitte des 20. Jahrhunderts mit Emil Staigers[27] Abhandlung in *Trivium* eine politisch-geschichtliche Interpretation in der Literaturwissenschaft der *Novelle* hinzu.[28] Es ist ganz allgemein davon auszugehen, dass in vielen Werken, ob in Epik, Lyrik oder Dramatik, ein Gesellschafts-Politisches-Sein im Text mitschwingt. Literatur entsteht oftmals eben nicht losgelöst von Gesellschaft, sondern ist ein Spiegel ihrer Zeit. Steckt also auch in der *Novelle* ein politisches Bestreben?

Wie in Kapitel 3 erläutert wurde, sind die ersten Pinselstriche zur Novelle etwa 30 Jahre vor ihrem Druck entstanden und zwar im Jahre 1797. Dies ist eine Zeit in der die Literatur unter einem sehr starken Einfluss der französischen Revolution stand. Da die Jahre der französischen Revolution den Übergang zur Neuzeit und Modernen markieren, ist mit ihnen ein enormer gesellschafts-

---

[24] ebd. S. 747.

[25] vgl.: Wagenknecht, Christian: Erläuterungen und Dokumente. S. 55-58.

[26] Der Sklave Androkles floh aus Rom über das Mittelmeer in die lybische Wüste. In einer Höhle, in der er übernachtete, überraschte ihn ein Löwe, der ihm seine Pfote hinhielt, in der ein schmerzender Dorn steckte. Androkles berfreite den Löwen vom Dorn und sie lebten gemeinsam einige Jahre in der Höhle. Androkles verließ irgendwann wieder die schützende Höhle, wurde gefasst und zurück zu seinem Herrn nach Rom gesandt. Androkles wurde nun von seinem Herren den Löwen im Kolosseum zum Fraß vorgeworfen. Der selbe Löwe, mit dem er in der Wüste gehaust hatte, wurde auch gefangen. Der Löwe erkannte seinen Freund. Der Löwe verteidigte Androkles in der Arena gegen die Panther und die Menge forderte nun die Freilassung des Sklaven und des Löwen. vgl.: Wagenknecht, Christian: Erläuterungen und Dokumente. S.55-58.

[27] vgl.: Staiger, Emil: Goethe. „Novelle". In: Trivium 1 (1942). S. 4 -30. Wiederabdruck in: *Ders.*, Meisterwerke deutscher Sprache aus dem 19. Jahrhundert. 2. Aufl. Zürich: 1948. S. 136 – 164.

[28] Zwar gab es bereits im 19. Jahrhundert einige politische Interpretationen, nur wurden diese bis zum letzten Drittel des 20. Jahrhunderts fast vollständig übergangen. Vgl. hierzu u. a. : Lehmann, A.: Über Goethes Novelle: Das Kind mit dem Löwen. Marienwerder: 1846. Gervinus, Gottfried Georg: Geschichte der deutschen Dichtung, Bd. 5, 4. Aufl. Leipzig: 1853.

politischer Wandel verbunden. Unter diesem Gesichtspunkt und natürlich in Bezug auf Textimmanenz muss eine politisch motivierte Lesart ansetzen. Goethe sah erst viel später die Errungenschaften von 1789. Zunächst war er gegen die Revolution eingestellt, was er auch im Gespräch mit Dr. Eckermann im Jahre 1824 äußerte. Er setzte viel mehr auf die Besonnenheit und das vorrausschauende Denken der Landesherren:

> Es ist wahr, ich konnte kein Freund der Französischen Revolution sein, denn ihre Greuel standen mir zu nahe und empörten mich täglich und stündlich, während ihre wohltätigen Folgen damals noch nicht zu ersehen waren (...) Ebenso wenig war ich ein Freund herrischer Willkür. Auch war ich vollkommen überzeugt, daß irgendeine große Revolution nie Schuld des Volkes ist, sondern der Regierung. Revolutionen sind ganz unmöglich, sobald die Regierungen fortwährend gerecht und fortwährend wach sind, so daß sie ihnen durch zeitgemäße Verbesserungen entgegenkommen und sich nicht so lange sträuben, bis das Notwendige von unten her erzwungen wird.[29]

Da Goethe aber (vgl. 3.) von 1826 bis 1828 noch Veränderungen an der *Novelle* vornahm, ist auch der Zeitraum zwischen 1797 und 1826 zu untersuchen. Warum übernahm Goethe nicht exakt das Schema von vor dreißig Jahren? Welche folgen hatte die französische Revolution und die Restauration Metternichs auf Goethes Denkweise und damit verbunden auf die Ausführung der Novelle? Zur Beantwortung all dieser Fragen, muss man sich ein wenig mit den einzelnen Motiven und den werkimmanenten Hinweisen der *Novelle* auseinandersetzen, die in dieser Ausarbeitung bisher vernachlässigt wurden.

Zunächst soll der Fokus auf den Kleinstaat und auf die Beteiligung des Fürsten an der Geschichte der *Novelle* gelegt werden. Der Fürst tritt in der *Novelle* nur zweimal auf. Zu Anfang, in der Exposition[30], als er mit der Jagdgesellschaft hinweg reitet und am Wendepunkt, als Honorio den Tiger erlegt und die fremde Familie und der Löwe mit ins Spiel kommen.[31] Somit wird der Fürst eigentlich aus der aktiven Handlung der Erzählung herausgenommen. Mit einer Ausnahme: Letzten Endes ist er es, der das Okay an den Knaben gibt, den Löwen mit seiner Flöte zu bezähmen und damit Gewalt außen vorlässt.[32] Danach reitet der Fürst

---

[29] Eckermann, Johann Peter: Gespräche mit Goethe in den letzten Jahren seines Lebens. Hrsg. v. Heinz Schlaffer. München: 1997 (= Johann Wolfgang Goethe, Sämtliche Werke nach Epochen seines Schaffens. Münchner Ausgabe. Hrsg. v. Karl Richter, in Zusammenarbeit mit Herbert G. Göpfert, Norbert Miller, Gerhard Sauder und Edith Zehm, Bd. 19). S. 183.

[30] vgl. GW. S. 491-493.

[31] ebd. S. 505-510.

[32] ebd. S.507

wieder aus der Geschichte heraus – zum brennenden Markt. Einige Kritiker wollen aus solchen Passagen einen sehr aufgeklärten Fürsten sehen, der aus der französischen Revolution gelernt habe.[33]

> Des Fürsten Vater hatte noch den Zeitpunkt erlebt und genutzt, wo es deutlich wurde daß alle Staatsglieder in gleicher Betriebsamkeit ihre Tage zubringen, in gleichem Wirken und Schaffen, jeder nach seiner Art, erst gewinnen und dann genießen sollte.[34]

Borchmeyer[35] sieht allerdings noch einen anderen Umstand, der ihn dazu verleitet, den Fürsten nicht als aufgeklärt anzusehen und in diesem Punkt eher eine versteckte Kritik Goethes an den feudalen Herrschern herauszustreichen. Nicht ohne Grund spricht der Besitzer des Löwen den Fürsten mit *mein Herr und mächtiger Jäger*[36] an. Borchmeyer sieht hier ein Hinweis auf Noënkel Nimrod, den ersten Despoten in der Bibel. Somit kann man hier einen leichten Widerspruch in den Deutungen finden. Ein Gewaltherrscher, der sich aber von aufgeklärten Maximen leiten lässt.

Ein weiteres Motiv, das oft zur Deutung herangezogen wird, ist das der Stammburg. Die Fürstenfamilie wohnt inzwischen auf einem Schloss einige Kilometer von der Stammburg entfernt, sie hat sich also von ihr und der mittelalterlichen Tradition gelöst. Aber fast die komplette Handlung spielt zwischen der alten Stammburg und dem neuen Schloss. Ist die fürstliche Familie also schon im übertragenen Sinne im Schloss - in der neuen Zeit - angekommen? Auch hier steht daher die Frage im Mittelpunkt, wo steht die fürstliche Familie gesellschaftspolitisch? Die Geschichte beginnt im Schlosshof, aber sie endet in der alten Stammburg. In nostalgischer Erinnerung längst vergangener Zeiten, hat der Oheim des Fürsten einen Zeichner beauftragt, Ansichten der Stammburg von verschiedenen Seiten zu erstellen, um

> anschaulich zu machen, wie der mächtige Schutz- und Trutzbau von alten Zeiten her dem Jahr und seiner Witterung sich entgegen stemmte und wie doch hie

---

[33] vgl.: Düntzer, Heinrich, Studien zu Goethes Werken. Das epische Gedicht „die Jagd" und „die Novelle". In: Archiv für das Studium der neueren Sprachen und Literatur, Bd. 4, Heft 1 (1848). S. 1-43. S. 15. Klingeberg, Anneliese: Goethes „Novelle" und „Faust II". Zur Problematik Goethescher Symbolik im Spätwerk. In: Impulse 10 (1987). S. 75-124. S. 83.

[34] GW. S. 491.

[35] vgl.: Borchmeyer, Dieter: Höfische Gesellschaft und Französische Revolution bei Goethe. Adeliges und bürgerliches Wertsystem der Weimarer Klassik. Kronberg/Ts: 1977. S. 333 – 350. S. 342.

[36] GW. S. 505.

(sic!) und da sein Gemäuer weichen, da und dort in wüste Ruinen zusammen-
stürzen mußte.[37]

Dieser Beschreibung nach ist die Stammburg zerfallen und von Bäumen und
Gewächsen durchzogen.[38] Ihr Untergrund jedoch besteht aus festem Felsge-
stein.[39] Sie stellt also die Opposition zum jungen Schloss dar - der Kontrast zwischen Altem und Neuem. Der unterste Teil der Stammburg, der älteste Teil, ist
fest mit dem Gestein verbunden, die oberen Teile, die jüngsten Schichten der
Stammburg dagegen, werden von der Vegetation durchsetzt. Wenn man die Ge-
steinsschichten als die politische Ordnung deutet und die Vegetation als die Gesellschaft, dann gibt es nun Kräfte, die diese alte Ordnung ins Wanken bringen,
sie zersetzen.[40] Diese Kräfte aber sollen nach dem Ansinnen des Fürsten
Oheims beschränkt bzw. im Zaum gehalten werden.[41] Dass sich Stammburg und
Vegetation nicht unbedingt in Einklang befinden, macht wohl folgendes Zitat
deutlich:

> Es ist eine Wildniß wie keine, ein zufällig einziges Lokal, wo die alten Spuren
> längst verschwundener Menschenkraft mit der ewig lebenden und fortwirkenden
> Natur sich in dem ernstesten Streit erblicken lassen.[42]

Den alten politischen Ordnungen liegen aber nun das Schloss und die etwas tiefer liegende Stadt gegenüber. Das aktive Leben hat sich also auch von diesen
alten Traditionen entfernt.[43] Das Motiv der Stammburg steht also für die alte ü-
berkommene politische Ordnung.

Bevor die Fürstin mit ihrem Oheim und Honorio zur alten Stammburg reiten will,
möchte sie noch den Markt in der Stadt, der einer *Messe*[44] gleicht, besuchen.
Auch dieser Markt kann zur politischen Aussage herangezogen werden. Der
fürstliche Oheim spricht über das Volk, indem er stellvertretend die Schausteller
auf dem Markt tadelt. Er klagt, dass es schon genug Gewalt auf Erden gäbe, der

---

[37] GW. S. 493.
[38] vgl.: Steer, A.G.: Goethes Novelle as a Document of its Time. In: Deutsche Vierteljahresschrift für Literaturwissenschaft und Geistesgeschichte, Bd. 50 (1976). S. 414 – 433. S.
421.
[39] vgl.: Mannack, Eberhard: Raumdarstellung und Realitätsbezug in Goethes epischer Dichtung.
Frankfurt am Main: 1972. S. 195 – 223. S. 218.
[40] ebd. S. 217. vgl auch.: *Borchmeyer, Dieter*: Höfische Gesellschaft und Französische Revolution
bei Goethe. 1977. S. 346 u. 348.
[41] vgl.: Mannack, Eberhard: Raumdarstellung und Realitätsbezug in Goethes epischer Dichtung.
1972. S. 207.
[42] GW. S.
[43] vgl.: Borchmeyer, Dieter: Höfische Gesellschaft und Französische Revolution bei Goethe. 1977.
S. 345.
[44] GW. S. 496.

Mensch aber immer noch durch solche Tiervorführungen den Adrenalinkitzel brauche. Seine Kanzelrede zur Fürstin kann so als Kritik an der Revolution ausgelegt werden:

> Es ist wunderbar, [...] daß der Mensch durch Schreckliches immer aufgeregt sein will. Drinnen liegt der Tiger ganz ruhig in seinem Kerker, und hier muß er grimmig auf einen Mohren losfahren, damit man glaube, dergleichen inwendig ebenfalls zu sehen; es ist an Mord und Totschlag noch nicht genug, an Brand und Untergang: die Bänkelsänger müssen es an jeder Ecke wiederholen.[45]

Fürst Oheim ist nicht wirklich wohl dabei, über den Markt zu reiten, denn ihn erinnert diese Enge, das geschäftige Treiben, die Massen immer wieder an ein verheerendes Feuer, dass er einmal in so einer Menschenmenge erlebt hat.

> Verzeihen Sie aber, meine Beste, ich reite niemals gern durch Markt und Messe, bei jedem Schritt ist man gehindert und aufgehalten und dann flammt mir das ungeheure Unglück wieder in die Einbildungskraft, das sich mir gleichsam in die Augen eingebrannt hat, als ich eine solche Güter- und Warenbreite in Feuer aufgehen sah.[46]

In der Forschung wurde das Symbol des Feuers mit Revolution gleichgesetzt.[47] Der Oheim wird an die Französische Revolution erinnert, das Ereignis des 18. Jahrhunderts, das sich gegen den Adel und die gesellschaftlichen Missstände richtete und auch das 19. Jahrhundert immer noch stark bestimmte. Feuer und Markt sind also dadurch verbunden, dass der Marktplatz mit seiner engen Bebauung der Ursprungsort des Brandes ist. Das Feuer hingegen setzt wiederum Löwe und Tiger frei, die den weiteren Gang der *Novelle* bestimmen. Im weiteren Verlauf, reitet die Fürstin im Geleit Richtung Stammburg.[48] Als sie an einem idyllischen Aussichtpunkt den Satz fallen lässt,

> wie doch die klare Natur so reinlich und friedlich aussieht, als wenn gar nichts Widerwärtiges in der Welt sein könne.[49]

Zur gleichen Zeit erblickt Honorio das Feuer auf Markt. Man kann diese Szene so deuten, dass der Adel immer erst das Produkt - die Revolution sieht, nicht aber die Umstände, warum sie zustande kam. Der Adel reagiert nur, er agiert nicht.

---

[45] ebd. S. 498.
[46] ebd. S. 496.
[47] ebd. S. 337. oder: Aust, Hugo: Novelle. 3. überarbeitete. und aktualisierte Auflage: Stuttgart und Weimar 1999. S. 71
[48] vgl. GW. S. 498.
[49] GW. S. 500.

Dies passt auch mit der Aussage Goethes zusammen, dass eine Revolution niemals Schuld des Volkes sei (s. o.) *Als wenn gar nichts Widerwärtiges in der Welt sein könne...* dies erinnert doch sehr stark an Marie Antoinette (*S'ils n'ont pas de pain, qu'ils mangent de la brioche.* [Wenn sie kein Brot haben, dann sollen sie Brioche essen]).[50] Blind für die Probleme anderer! Dieser Brand auf dem Marktplatz beschreibt Bilder eines vergangenen Infernos.[51] Diese, der schrecklichen Erinnerung des Oheims entsprungenen Bilder des Feuers, werden noch fraglicher durch die realistische und nüchterne Einschätzung Honorios, der die Feueranstalten in Stadt und Schloss *in bester Ordnung*[52] wähnt. Es lässt sich demzufolge eine Diskrepanz zwischen dem Anschein und der Realität in der *Novelle* erkennen.[53] Vielleicht wollte Goethe aber auch nur auf das damalige Problem der Löschanstalten und der omnipräsenten Gefahr vor Feuersbrünsten aufmerksam machen. Denn in einem Brief an Charlotte von Stein befürchtet Goethe, dass „nach der Bauart unserer Dörfer" täglich mit einer Feuerwalze zu rechnen sei.[54]

Aber zurück zum eigentlichen Thema: Einen weiteren politischen Anhaltspunkt zur Erschließung des Textes liefert die Figur Honorios. Nicht zufällig hat Goethe den Namen für den Hofjunker im Nachhinein (1826) geändert. Honorio (lat.) bedeutet der Ehrbare. Honorios Leidenschaft für Ritterturniere entlarven ihn als Sympathisanten der alten Adelsschicht.[55] Honorio rettet die Fürstin vor dem Tiger, obwohl sie gar nicht gerettet werden musste.[56] Denn der Tiger wollte fliehen (er sprang zur Seite) und wie sich dann mit Ankunft der fremden Frau herausstellt, war der Tiger domestiziert und an Menschen gewöhnt.[57] Die Erregung des Tigers ist, neben der Todesangst durch den ersten Schuss Honorios, dadurch bedingt, dass er, wie das stürzende Pferd der Fürstin, mit dem Untergrund zu kämpfen hat. Dieser besteht nämlich aus scharfen Steinen[58], die ihn an seiner

---

[50] In der Geschichtswissenschaft ist es inzwischen umstritten, ob Marie Antoinette diesen Satz wirklich so gesagt hat. vgl. :
http://209.85.129.104/search?q=cache:7AmewG54gREJ:de.wikipedia.org/wiki/Marie_Antoinette Marie+Antoinette%2Bkuchen&hl=de&gl=de&ct=clnk&cd=1 (vom 06.11.2006)
[51] vgl.: Borchmeyer, Dieter: Höfische Gesellschaft und Französische Revolution bei Goethe. 1977. S. 336.
[52] GW. S. 500.
[53] Staroste, Wolfgang: Die Darstellung der Realität in Goethes „Novelle". In: Neophilologus, Bd. 44 (1960). S. 322 – 333. 326 u. 328f.
[54] Goethe an Cahrlotte von Stein am 26. Juni 1780. Zitiert nach: Wagenknecht, Christian: Erläuterungen und Dokumente. S. 37.
[55] vgl.: Borchmeyer, Dieter: Höfische Gesellschaft und Französische Revolution bei Goethe. 1977. S. 336. vgl.: Steer, A.G.: Goethes Novelle as a Document of its Time. S. 426.
[56] vgl. GW. S. 502.
[57] ebd. S. 504.
[58] vgl.: Mannack, Eberhard: Raumdarstellung und Realitätsbezug in Goethes epischer Dichtung.

Fortbewegung hindern. Durch Honorio wird er aber genötigt, seinen steinigen Weg fortzusetzen. Diese spitzen Steine sind durch die der alten Stammburg zersetzenden Bäume und Gewächse entstanden.[59] Nachdem durch die Trauer und das Klagen der fremden Familie Honorios Tat ganz und gar nicht mehr ruhmhaft erscheint, sitzt er vor der alten Stammburg und hat seinen Blick nach Westen gewandt. Die morgenländisch gekleidete Frau tritt zu ihm und sagt:

> Du schaust nach Abend [...] Du thust wohl daran dort giebt's viel zu thun; eile nur, säume nicht, du wirst überwinden. Aber zuerst überwinde dich selbst.[60]

Honorio blickt also nach Westen, dorthin, wo die Sonne untergeht. Oder auch nach England, nach Frankreich, vielleicht nach Amerika, wo sich bereits modernere politische Systeme etabliert haben.[61] Honorio muss sich von feudaler Denkweise nach Gutsherrenart lösen und die Zeichen der Zeit erkennen, um in der Zukunft überlebensfähig zu sein. Der Blick nach Westen, zur untergehenden Sonne, steht für eine untergehende Epoche, die Honorio immer noch verkörpert.

Im Gegensatz zu Honorio steht der Knabe, der den Löwen bezähmt. Ebenso steht die Heilung des Löwen (Ziehen des Dorns) der Tötung des Tigers gegenüber. Das Kind gilt als unschuldig und rein, Honorio verkörpert wie oben gezeigt die alte Ordnung mit den Instrumenten Gewalt, Stärke und Hierarchie. Honorio handelt nach seinen gängigen Denkmustern. Er wendet Gewalt an – er erschießt den Tiger. Der Junge hingegen handelt intuitiv aber auch rational, weil er weiß, dass die Flötentöne den Löwen zähmen können, bzw. er weiß, dass der Löwe eigentlich keine große Gefahr darstellt, weil auch er an Menschen gewöhnt ist. Auch der Fürst handelt in einer unorthodoxen Weise: Er entscheidet sich gegen das gängige Muster, gegen die Gewalt und lässt der Schaustellerfamilie freie Hand. Dies ist dem Fürsten besonders hoch anzurechnen, da er durch seine militärische Ausbildung gelernt hat, anders zu denken.[62] Die Figur des Fürsten könnten als Idealbild eines Fürsten nach Goethschen Maßstäben interpretiert werden.[63] Die Fürsten würden so durch Intelligenz, Umsicht, Besonnenheit und Für-

1972. S. 205 und 212.

[59] Seht den Felsen, wie er fest steht und sich nicht rührt, der Witterung trotzt und dem Sonnenschein; uralte Bäume zieren sein Haupt, und so gekrönt schaut er weit umher; stürzt aber ein Theil herunter, so will es nicht bleiben, was es war, es fällt zertrümmert in viele Stücke und bedeckt die Seite des Hanges. (GW. S. 507).

[60] GW. S. 510.

[61] vgl. Klingeberg, Anneliese: Goethes „Novelle" und „Faust II". S. 82.

[62] vgl. GW. S. 506.

[63] vgl. auch: *Es ist wahr, ich konnte kein Freund der Französischen Revolution sein, denn ihre Greuel standen mir zu nahe und empörten mich täglich und stündlich, während ihre wohltätigen Folgen damals noch nicht zu ersehen waren. (...) Ebensowenig war ich ein Freund herrischer*

sorgepflicht Revolutionen gar nicht zustande kommen lassen.[64] Letzten Endes befreit der Junge durch Intelligenz, Liebe und Nachsicht den Löwen, der für die revolutionären Kräfte steht, von seinem Dorn, was zur Zähmung und Befriedigung des Löwen führt. Der Dorn steht für das Verlangen des Volkes nach Reform, nach besseren Lebensbedingungen, für Freiheit, für politische Partizipation und Emanzipation.[65] Durch umsichtiges Handeln könne also jede Revolution im Keim erstickt werden.

Bleibt noch zu klären, wie die Verfechter der politischen Deutung die musikalisch-lyrische Lösung des Problems erklären: Es wird vermutet, dass Goethe der Ansicht war, dass revolutionäre Kräfte ohne Ideal selbst aus den eigenen Reihen kaum kontrollierbar seien.[66] Das Volk brauche ein Vorbild, jemand, der die Reihen geistig führt, die Missstände aufdeckt und sie den einzelnen Schichten vor Auge führt. Der Dichter selbst steckt hinter dieser musikalisch-lyrischen Atmosphäre.[67]

Zum Abschluss soll Werner Keller noch zu Wort kommen, der eine gute Balance zwischen religiös-humaner Deutung (vgl. 4.1) und politischer Auslegung gefunden hat. Nach Meinung Werner Kellers spart Goethe den politischen Konflikt aus, nur im Individuum und in der Natur legt er ihn an.[68] Der deutschen Ständegesellschaft des 19. Jahrhunderts stellt Goethe die archaische Familie aus dem Morgenland gegenüber, „die sich wie in mythischer Vorzeit als Naturkindschaft in ungeschiedener Einheit mit Schöpfer und Schöpfung fühlte."[69] Die fremde Frau weist Honorio nach Westen[70], dorthin wo es neue politische Alternativen gibt (vgl. 4.2). Goethe wendet sich damit „gegen den Regress in christliche Mittelalter, den manche Romantiker erträumten."[71]

Willkür. Auch war ich vollkommen überzeugt, daß irgendeine große Revolution nie Schuld des Volkes ist, sondern der Regierung. Revolutionen sind ganz unmöglich, sobald die Regierungen fortwährend gerecht und fortwährend wach sind, so daß sie ihnen durch zeitgemäße Verbesserungen entgegenkommen und sich nicht so lange sträuben, bis das Notwendige von unten her erzwungen wird (Goethe zu Eckermann, vgl. Fußnote Nr. 29)

[64] vgl. Klingeberg, Anneliese: Goethes „Novelle" und „Faust II". S. 83 und 106
[65] vgl. ebd. S. 86.
[66] vgl. ebd. S. 77 und: Steer, A.G.: Goethes Novelle as a Document of its Time. 1976. S. 430.
[67] vgl. ebd. S. 431 ff.
[68] Keller, Werner: Johann Wolfgang von Goethe. In: Handbuch der deutschen Erzählung. Hrsg. von Karl Konrad Polheim. Düsseldorf: Bagel 1981. S. 89f.
[69] ebd.
[70] vgl. GW. S. 510
[71] Keller, Werner: Johann Wolfgang von Goethe. 1981. S. 89 f.

Diese hier aufgezeigten Motive und ihre Rückkopplung lassen sich auch auf den historischen Hintergrund übertragen.[72] Goethe ist ein Zeitzeuge der Ereignisse von 1789. Vielleicht hat er seine Erinnerungen als Branderlebnisse des Oheims getarnt, wobei dies Spekulation bleibt. Er erlebte aber auch den Wiener Kongress (1815), mit allen Folgen der Restauration: Das Wartburgfest von 1817, mit seinen studentischen Protestbewegungen, die Ermordung Kotzebues und die daraus resultierenden Karlsbader Beschlüsse von 1819, die als klare Zensurmaßnahmen des Staates in die Geschichte eingingen. Goethe sah erst viele Jahre nach der französischen Revolution ihre „wohltätigen Folgen"[73]. Allerdings verabscheute er weiterhin die Maßnahmen, der auch vor Gewalt nicht zurückschreckenden revolutionären Kräfte.[74]

4.3 Kritisch-negative Stimmen

Natürlich gibt es wie in fast allen Fällen in der Literatur auch Stimmen, die das jeweilige Werk verurteilen. So auch bei Goethes *Novelle*. Die Hauptkritik richtet sich vor allem gegen das Märchenhafte in der Novelle und gegen die Ausführung der Geschichte unter dem Titel *Novelle* wie die folgenden Zitate zeigen werden.

So sieht Josef Kunz beispielsweise in der *Novelle* eher eine Legende[75], als die Gattung, die der Titel vorgibt (zum Titel vgl. 3). Gervinus stellt sich sogar 1842 noch gänzlich gegen die Gattung und spricht ihr jegliche Daseinberechtigung ab:

> Er suchte immer mehr die größte Bedeutsamkeit im kleinsten Raume [...] er spricht von dieser unsäglich geringfügigen Produktion wie von einem großen wichtigen Werke [...] sein Pinsel wagt nicht mehr zu schildern, was die Sache verlangt, seine Erzählung wird sogar hier und da ganz schematisch.[76]

Es existieren mehrere Stimmen, die auf ähnliche Weise kritisieren und der *Novelle* unterstellen, dass sie gar keine Novelle sei, sondern sie ins Reich der Fabeln verweisen. Durch diesen Touch des Zaubers, der Flöte, des Unwirklichen wurde die *Novelle* auch als *Kitsch* empfunden, ohne diesen Begriff genauer zu definie-

---

[72] vgl.: Steer, A.G.: Goethes Novelle as a Document of its Time. S. 416.

[73] vgl. Fußnote 29

[74] vgl. Klingeberg, Anneliese: Goethes „Novelle" und „Faust II". S. 78.

[75] Kunz, Josef: Geschichte der deutschen Novelle vom 18. Jahrhundert bis auf die Gegenwart. In: Deutsche Philologie im Aufriß. Hrsg. von Wolfgang Stammler. Bd. 2. 2. unveränderter Nachdruck der 2. Aufl. Berlin: Erich Schmidt. 1978. Sp. 1808f.

[76] Gervinus, Georg Gottfried: Geschichte der poetischen National-Literatur des Deutschen. T. 5. Leipzig: Engelmann 1842. S. 720 f.

ren. Allerdings räumt Luciano Zagari ein, dass es „ein Kitsch edelster Herkunft, ein Edelkitsch"[77] sei.

Ein vernichtendes Urteil hat Gottfried Benn in einem Brief an F. W. Oelze gefällt:

Da haben sie es: der Löwe ist ein friedliches Tier, i m G r u n d e!, alles ist friedlich:i m G r u n d e! Es muss nur ein Knabe mit einer Flöte kommen! Sehr richtig! Aber er kommt eben nicht. Wir sehen ihn nicht kommen. Geschwätz! Narrheit! [...] gigantisch das ganze, aber faul! [...] Kann denn aus diesen Deutschen etwas werden, wenn ihre Heroen das Leben so harmonisch, gutartig [...] darstellen. [...]. Eigentlich ein Hund, dieser Goethe. Er wusste doch, daß er Schwindel treibt [...] Da ist ja Julius Wolf mit seinem <Rattenfänger> nicht mehr weit![78]

Als direkte Antwort auf Benn könnte man auf Karl-Heinz Hahn verweisen, der dem Ganzen einen symbolischen Charakter zuweist.[79] Die Kritik ist ein vielen Teilen sicherlich berechtigt, aber teilweise greift sie auch zu weit bzw. haben wohl einige Kritiker, wie vielleicht Gottfried Benn, nicht genau genug hingeschaut und es sich mit einer rationalen Deutung zu einfach gemacht. Goethes Motive (siehe 4.2) sind manchmal nur auf der metaphorischen Ebene zu verstehen und sollten daher nicht immer wörtlich genommen werden, sondern übertragen werden. Richtig ist allerdings, dass die Novelle einer terminologischen Untersuchung zur Gattung Novelle nicht standhalten würde, wenn man die Gattungskennzeichen bemüht (Mikrokosmos, Erzählen in Gesellschaft für Gesellschaft etc.)

5. Fazit

Zunächst bleibt festzuhalten, dass die Novelle über einen Zeitraum von 30 Jahren inklusive einer großen Unterbrechung entstanden ist. Anscheinend bedurfte es dieser Zeit, um dieses Werk in der jetzigen Form entstehen zu lassen. Wie unter 3. gezeigt, war es nicht Goethes Absicht, eine Musternovelle zu schreiben, was auch einiger Kritik (4.3) den Wind aus den Segeln nimmt. Trotzdem ist die

[77] Zagari, Luciano: Sovramondo melodrammatico e pericola estetizzante nell'ultimo Goethe. A proposito della "Novelle". In: Luciano Zagari: Studi di letteratura tedesca dell'Ottcento. Rom: Edizioni dell'Ateneo (S. E. N.) 1965. S. 94 f. (Übersetzt von Regine Wagenknecht).
[78] Benn, Gottfried: Briefe an F. W. Oelze. 1932-1945. Wiesbaden/München: Limes 1977. S. 102-104.
[79] Hahn, Karl-Heinz: Erzählende Dichtung. Goethes Novelle. In: Karl-Heinz Hahn.: Aus der Werkstatt deutscher Dichter. Goethe. Schiller. Heine. Halle (Saale): Verlag Sprache und Literatur. 1963. S. 172.

Kritik zu verstehen, wenn man die Motivsymbolik nicht deutet oder die *Novelle* nur oberflächlich betrachtet.

Es wurde festgestellt, dass es zwei Hauptdeutungslinien gibt, die beide ihre Existenzberechtigung haben. Es gibt sowohl für die christliche Auslegung (Beutler, von Wiese u. a.) als auch für die politische Interpretation zahlreiche Hinweise. Für die Naturfrömmigkeit sprechen das Kind-Motiv und vor allem Goethes eigene Äußerungen gegenüber Eckermann (vgl. 4.1). Das Motiv der Stammburg hingegen, die Enge des Marktes, der Ausbruch des Feuers, die Löwen-Tiger-Geschichte und das Honorio-Motiv stehen für gesellschaftliche Probleme, die nicht einfach wegzudiskutieren sind. Hinzu kommt, dass über den gesamten Entstehungszeitraum des Werkes tiefgreifende, langfristige Veränderungen und Umwälzungen in Europa stattfanden, die ganz allgemein die Dichter und Denker der Zeit auf gar keinen Fall unberührt ließen, sondern geradewegs nach literarischer Verarbeitung schrieen.

Zu Bearbeitung in der Schule können beide Interpretationslinien herangezogen werden. In der politisch-historischen Schwerpunktsetzung lassen sich Denkweisen zwischen Französischer Revolution und Restauration zeigen und wie es zum Umdenken kommen kann (siehe Goethe). Welche Werte brachten die Ideen von 1789 zu Tage, warum gab es Schichten, die sich dagegen werten und von welcher Bedeutung sind die Ereignisse für unsere heutige Welt? Lohnt es sich dafür zu kämpfen, ist Gewalt ein Mittel, um moralisch hochwertige Ziele zu erreichen? Funktioniert der friedliche Weg (der Weg des Kindes) immer? Auch lässt sich das Problem der Ständegesellschaft in Kollision mit der Industriegesellschaft des 19. Jahrhunderts erarbeiten. Welche allgemeinen Probleme haben Gesellschaften im Umbruch, gibt es Unterschiede und Gemeinsamkeiten zu heute?

Wenn man den Fokus auf die Naturfrömmigkeit legt, kommt man unweigerlich zur Diskussion, welche Verantwortung der Mensch für die Welt hat. Hier gibt es zahlreiche aktuelle Anknüpfungspunkte aus Politik, Kultur und Gesellschaft: Verantwortung gegenüber folgenden Generationen, Egoismus als wichtige Überlebensstrategie (?), Umweltprobleme, Globalisierung, das Kyoto-Protokoll mit all seinen Ausmaßen...Natürlich lassen sich auch Gattungsprobleme erarbeiten; und die *Novelle* und Gespräche mit Eckermann als Anlass nehmen, zu klären, was eine Novelle ist, wobei dies meiner Meinung nach hinter den oben genannten Diskussionen anstehen sollte, weil ich mehr Schüler mit aktuellen Diskussionen und Denkanstößen zum Lesen weiterer Lektüren bringe, als mit gattungstheoretischen Abhandlungen.

Hervorheben möchte ich zum Abschluss noch Werner Keller, der aus meiner Sicht einen perfekten Mittelweg einer Deutung gefunden hat, indem er sagt, dass Goethe den politisch-sozialen Konflikt ausspart (vgl. 4.1) und ihn nur (was ja schon sehr viel ist) im Individuum und in der Natur anlegt. „Achtung vor allem Lebenden vermag wenig, um verkrustete gesellschaftliche Strukturen zu ändern, doch viel, um die Welt humaner zu machen."[80]

---

[80] Keller, Werner: Johann Wolfgang von Goethe. S.89f.

Literaturverzeichnis

Primärquelle:

Goethes Werke, Band VI. Romane und Novellen I. München: Verlag C. H. Beck 1998.

Sekundärliteratur:

Aust, Hugo: Novelle. 3. überarbeitete. und aktualisierte Auflage: Stuttgart und Weimar 1999.

Benn, Gottfried: Briefe an F. W. Oelze. 1932-1945. Wiesbaden/München: Limes 1977.

Beutler, Ernst: Ursprung und Gehalt von Goethes „Novelle". In: Deutsche Vierteljahresschrift für Literaturwissenschaft und Geistesgeschichte 16 (1938). S. 324-352

Borchmeyer, Dieter: Höfische Gesellschaft und Französische Revolution bei Goethe. Adeliges und bürgerliches Wertsystem der Weimarer Klassik. Kronberg/Ts: 1977. S. 333 – 350.

Düntzer, Heinrich, Studien zu Goethes Werken. Das epische Gedicht „die Jagd" und „die Novelle". In: Archiv für das Studium der neueren Sprachen und Literaturen, Bd. 4, Heft 1 (1848). S. 1-43.

Eckermann, Johann Peter: Gespräche mit Goethe in den letzten Jahren seines Lebens. Hrsg. v. Heinz Schlaffer. München: 1997 (= Johann Wolfgang Goethe, Sämtliche Werke nach Epochen seines Schaffens. Münchner Ausgabe. Hrsg. v. Karl Richter, in Zusammenarbeit mit Herbert G. Göpfert, Norbert Miller, Gerhard Sauder und Edith Zehm, Bd. 19).

Gervinus, Gottfried Georg: Geschichte der deutschen Dichtung, Bd. 5, 4. Aufl. Leipzig: 1853.

Gervinus, Georg Gottfried: Geschichte der poetischen National-Literatur des Deutschen. T. 5. Leipzig: Engelmann 1842.

Gundolf, Friedrich: Goethe. Berlin 1916.

Hahn, Karl-Heinz: Erzählende Dichtung. Goethes Novelle. In: Karl-Heinz Hahn.: Aus der Werkstatt deutscher Dichter. Goethe. Schiller. Heine. Halle (Saale): Verlag Sprache und Litera- tur. 1963.

Keller, Werner: Johann Wolfgang von Goethe. In: Handbuch der deutschen Erzählung. Hrsg. von Karl Konrad Polheim. Düsseldorf: Bagel 1981.

Klingeberg, Anneliese: Goethes „Novelle" und „Faust II". Zur Problematik Goethescher Symbolik im Spätwerk. In: Impulse 10 (1987). S. 75-124. S. 83.

Kunz, Josef: Geschichte der deutschen Novelle vom 18. Jahrhundert bis auf die Gegenwart. In: Deutsche Philologie im Aufriß. Hrsg. von Wolfgang Stammler. Bd. 2. 2. unveränderter Nachdruck der 2. Aufl. Berlin: Erich Schmidt. 1978.

Lehmann, A.: Über Goethes Novelle: Das Kind mit dem Löwen. Marienwerder: 1846.

Mannack, Eberhard: Raumdarstellung und Realitätsbezug in Goethes epischer Dichtung. Frankfurt am Main: 1972. S. 195 – 223.

Seuffert, Bernhard: Goethes „Novelle". In: Goethe-Jahrbuch. Bd. 19 (1898). S. 133 – 166.

Staiger, Emil: Goethe. „Novelle". In: Trivium 1 (1942). S. 4 -30. Wiederabdruck in: *Ders*. Meisterwerke deutscher Sprache aus dem 19. Jahrhundert. 2. Aufl. Zürich: 1948. S. 136 – 164.

Staroste, Wolfgang: Die Darstellung der Realität in Goethes „Novelle". In: Neophilologus, Bd. 44 (1960). S. 322 – 333.

Steer, A.G.: Goethes Novelle as a Document of its Time. In: Deutsche Vierteljahresschrift für Literaturwissenschaft und Geistesgeschichte, Bd. 50 (1976). S. 414 – 433. S

Wagenknecht, Christian: Erläuterungen und Dokumente. Johann Wolfgang Goethe. Novelle. Stuttgart: Reclam 1982.

Wäsche, Erwin: Honorio und der Löwe. Studie über Goethes Novelle. Säckingen: Stratz 1947.

Wiese von, Benno: Novelle. Stuttgart: Metzler 1963.

Zagari, Luciano: Sovramondo melodrammatico e pericola estetizzante nell'ultimo Goethe. A proposito della "Novelle". In: Luciano Zagari: Studi di letteratura tedesca dell'Ottcento. Rom: Edizioni dell'Ateneo (S. E. N.) 1965. S. 94 f. (Übersetzt von Regine Wagenknecht).

Internetquelle:

http://209.85.129.104/search?q=cache:7AmewG54gREJ:de.wikipedia.org/wiki/Marie_Antoinette Marie+Antoinette%2Bkuchen&hl=de&gl=de&ct=clnk&cd=1 (vom 06.11.2006)